Suggestionsregeln für Hypnotiseure

Linus Bergmann

Suggestionsregeln für Hypnotiseure

© 2012 - Linus Bergmann
1. Auflage - ISBN: 9783848203659

Herstellung und Verlag:
Books on Demand GmbH, Norderstedt
Alle Rechte liegen beim Autor.

Hinweis
Der Autor hat bei der Erstellung dieses Buches Informationen und Ratschläge mit Sorgfalt recherchiert und geprüft, dennoch erfolgen alle Angaben ohne Gewähr. Verlag und Autor können keinerlei Haftung für etwaige Schäden oder Nachteile übernehmen, die sich aus der praktischen Umsetzung der in diesem Buch dargestellten Inhalte ergeben. Bitte respektieren sie die Grenzen der Selbstbehandlung und suchen sie bei Erkrankungen einen erfahrenen Arzt oder Heilpraktiker auf.

Inhaltsverzeichnis

Vorwort..7

I. Sieben einfache Regeln für professionelle Suggestionen

1. Das Prinzip der positiven Affirmation......................11

2. Das Prinzip der dreifachen Wiederholung................16

3. Das Prinzip der vorauseilenden Würdigung..............19

4. Das Prinzip der vorgezogenen Entscheidung............23

5. Das Prinzip der unmittelbaren Verstärkung..............29

6. Das Prinzip des suggestiven Sprungbretts................33

7. Das Prinzip der direktiven Betonung......................38

II. Aufbau und Struktur von Suggestionstexten

Der grundsätzliche Aufbau des Suggestionsteils............45

1. Zielformulierung..51

2. Therapie der Gefühle..53

3. Therapie der Gedanken..55

4. Therapie der Körperlichkeit....................................57

5. Therapie der Handlungen 60

6. Eröffnen von Visionen 62

III. Kommentierter Beispieltext mit Betonung 65

Schlusskommentar 71

Vorwort

Hypnose hat inzwischen einen festen Platz, nicht nur in der alternativen Heilkunst, sondern auch in der Schulmedizin. Das Interesse der Therapeuten und Klienten an Trance und Hypnotherapie ist groß und immer mehr Menschen strömen in Hypnosekurse, um die Techniken und Vorgehensweisen zu erlernen. Die meisten Menschen können innerhalb eines Tages lernen, einen Trancezustand einzuleiten und zu begleiten. Eine wirksame Hypnose zu gestalten ist dabei nicht immer so einfach, wie das Einleiten eines Trancezustandes. Immerhin soll mit der Hypnose eine möglichst dauerhafte Veränderung beginnen, Symptome sollen schwächer werden, neue Impulse sollen gesetzt und eine heilsame Entwicklung soll angestoßen werden. Da genügt es natürlich nicht, eine Standardhypnose mit Tiefenentspannung zu machen. Es geht um eine strukturierte, geplante und zielgerichtete Sitzung und meistens auch um eine strukturierte Abfolge mehrerer Treffen zwischen Therapeut und Klient. Nach dem Erlernen der Technik kommt daher schnell die Frage auf, was im Hauptteil der Hypnose genau gemacht werden kann und soll. Wir brauchen also Inhalte, doch die alleine genügen nicht.

Auf die richtige Formulierung kommt es dabei ebenso an wie auf den geeigneten Aufbau eines Suggestionstextes. Mit diesem Buch will ich beides anbieten. Einerseits gebe ich ihnen sieben einfache Regeln zum Erstellen wirksamer Suggestionen an die Hand, andererseits helfe ich ihnen beim Zusammenstellen zusammenhängender Suggestionstexte. Diese sollten mehr und anders sein als nur das bloße Aneinanderreihen verschiedener Suggestionen zum gleichen Thema. Ich gehe in meinen Ausführungen von therapeutischen Sitzungen im weitesten Sinne aus, spreche also ebenso alle Geistheiler und Berater wie Therapeuten, Heilpraktiker und Mediziner damit an. Am Ende des Buches finden sie einen Beispieltext für eine Hypnoseanwendung, der nach den Regeln des Buches erstellt wurde. Lesen sie das Buch, probieren sie die Regeln aus und erstellen sie schließlich ihre Suggestionstexte in Anlehnung daran selbst! Sie können das!

1

Sieben einfache Regeln für professionelle Suggestionen

1. Das Prinzip der positiven Affirmation

Affirmationen und Suggestionen sind im Grunde genommen das Gleiche, zumindest immer dann, wenn die Suggestion direkt und positive formuliert wird. Eine deutsche Entsprechung für beide Begriffe ist der Glaubenssatz. Wir haben alle unzählige Glaubenssätze, Grundüberzeugungen, an denen wir oft wider besseres Wissen festhalten. Je länger wir bestimmte Überzeugungen bereits haben, umso schwieriger ist es für uns, diese loszulassen. Wir kennen das von den guten Vorsätzen fürs neue Jahr, die wir alljährlich formulieren, um sie dann alsbald wieder zu verwerfen oder zu ignorieren. Was wir als unliebsame Gewohnheiten betrachten, sind oft Äußerungen tiefer Glaubenssätze. Vielleicht wollen wir ein paar Kilos abspecken und nehmen uns vor, weniger zu essen. Mangelnde Disziplin machen wir dann für den Misserfolg verantwortlich. Möglicherweise hindert uns aber die innere Überzeugung *„Ich schaffe das sowieso nicht"* daran, das Ziel zu erreichen. In diesem einfachen Satz steckt das Grundproblem der meisten störenden Überzeugungen: Die Verneinung! Wir gehen davon aus, etwas nicht zu können, nicht zu schaffen, nie zu lernen, nicht bewältigen zu können usw.

Wir glauben oft genau zu wissen, was wir alles nicht können. Das, was wir hingegen können, nehmen wir als gewöhnlich oder normal hin und sehen darin nichts Besonderes. Das Problem geht nun tiefer als der oberflächliche Speck auf den Hüften. Wenn wir bei der Bearbeitung von Problemen immer nur bedenken, was wir nicht können und was nicht geht, werden wir keine Veränderung herbeiführen. Alles bleibt beim Alten. Warum?

Weil wir nur das erreichen können, was wir vorausdenken. Wenn da aber nichts ist, wird es ein Zufallsprodukt. Nehmen wir einmal an, eine Person möchte ihre Angstanfälle loswerden. Wahrscheinlich kommt sie mit viel Hoffnung und großen Zweifeln in die Therapie und hat den inneren Glaubenssatz aufgebaut „Ich schaffe das nicht" oder „Die Angst werde ich nie los". Eine gute Therapie wird ihr vielleicht eine begründete Aussicht darauf vermitteln, dass sie die Angst doch loslassen kann. Wirklich erfolgreich und nachhaltig wirksam kann sie jedoch nur werden, wenn ein Glaubenssatz oder besser gesagt eine Zielformulierung aufgebaut wird, die beschreibt, was denn stattdessen sein soll. Angstfreiheit ist keine wirkliche Alternative zur Angst. Klingt das seltsam?

Überlegen sie selbst: Angstfreiheit ist schön, doch irgendetwas muss an die Stelle der Angst treten. Ein Vakuum bringt nichts. Viele Menschen glauben, dass sich das von selbst findet. Sobald die Angst weg ist, fühlt sich das alles gut an, und dann ist das Wohlgefühl die selbstverständliche Alternative zur Angst. Leider geht es so einfach meistens nicht. Die Angst, wie jedes andere denkbare Symptom oder jede Krankheit, geht mit dem Glauben einher oder mit der Befürchtung, was für das Unterbewusstsein dasselbe ist, dass sie nie mehr weg geht. Dieser Glaubenssatz kann nicht einfach gelöscht werden. Er kann aber durch einen neuen ersetzt werden. Wir wissen, dass Menschen im Zustand der Trance eher bereit sind, neue Glaubenssätze, neue Denkmuster und neue Perspektiven einzunehmen, als im hellwachen Alltagszustand. Wir nutzen diese Tatsache, um mit positiven Affirmationen zu helfen.

Zwar wird es keinem Klienten schaden, wenn wir sagen *„Du lässt deine Angst vollkommen los"*, allerdings wird es ihm mehr helfen, wenn wir stattdessen oder zusätzlich betonen, dass *„Du immer selbstbewusster wirst und deine Umwelt neugierig erkundest"*.

Wir betonen also, was sein soll, damit diese Zielausrichtung zum Glaubenssatz wird. Denn innere Überzeugungen, nichts anderes sind

Glaubenssätze, verändern unsere Wahrnehmung, unser Fühlen und unser Denken.

Prinzip der positiven Affirmation:

- *Formulieren sie Zielzustände möglichst oft positiv (keine Verneinung!)*
- *Wählen sie konkret vorstellbare Zustände, Empfindungen oder Fähigkeiten*

Beispiele für das Prinzip der positiven Affirmation:

... Du stellst dich darauf ein, aufrecht und mit breiten Schultern deinen Weg zu gehen ...

... Schon jetzt kannst du spüren, dass es diese Kraft tief in dir gibt, die dich in jeder Situation begleitet ...

... Du ersetzt die Schmerzen in deinem Fuß durch eine konstruktive Spannung der Muskeln und Bänder, die dir Kraft und Standfestigkeit verleihen ...

... Mit jedem Tag wird dein Mut größer und stärker ...

... Du schenkst deinem Körper mehr Aufmerksamkeit und dein Körper hält alle Wirbel stabil und aufrecht ...

... Du schaust nach vorne, stellst dich ganz auf die bestandene Prüfung ein ...

... Dein neues Leben, das Leben nach den Zigaretten, kannst du in vollen Zügen genießen ...

... Ein tiefer Atemzug bringt dir neue und kreative Gedanken ...

... An die Stelle deiner Zweifel tritt die Überzeugung, dass du den Wettkampf gewinnst ...

... Mit erhobenen Händen läufst du durchs Ziel und alle jubeln dir zu ...

2. Das Prinzip der dreifachen Wiederholung

Steter Tropfen höhlt den Stein. Selten bauen wir Überzeugungen durch einmalige Erlebnisse oder eine einmal gehörte Idee auf. Meistens kommen Glaubenshaltungen durch eine Vielzahl an Erfahrungen zustande. In Trance können wir nun nicht einfach davon ausgehen, dass wir eine Affirmation formulieren und dann alles anders ist als vorher und dann auch noch für immer. Wir sollten unsere Affirmationen, unsere Suggestionen, wiederholen. Wie oft?

Zu häufig bringt auch wieder nicht so viel. Wir wollen unseren Klienten nicht nerven. Ich habe die besten Erfahrungen damit gemacht, eine gezielte Suggestion innerhalb der ersten Minuten dreimal zu wiederholen. Damit erhält sie, eingebaut in einen Text oder eine Geschichte, eine gewisse Bedeutung. Der Inhalt des Textes oder der Verlauf der Geschichte geht weiter und verändert sich. Die eine Suggestion aber wird dreimal wiederholt. Sie sticht damit aus dem Text hervor. Sie wird deutlicher wahrgenommen. Für das Unterbewusstsein zeichnet sich die Bedeutung der dreimaligen Suggestion innerhalb des Textes wie ein farbiges Bild auf einem schwarzen Hintergrund ab. Natürlich kommt es nicht wirklich auf drei Wiederholungen an. Es könnten auch vier oder fünf und manchmal vielleicht nur zwei sein. Erarbeiten sie sich am besten eine Routine. Der Abstand der Wiederholungen der Suggestion ist variabel. Als Anhaltspunkt können sie das Textbeispiel auf der nächsten Seite nehmen. Auf dieser einen Buchseite wird die Affirmation dreimal wiederholt. Zur schnellern Orientierung ist sie jeweils im Druck hervorgehoben worden.

Unterstützen sie die Wirkung der Suggestion, indem sie diese auch in der Betonung etwas hervorheben. Sprechen sie die Suggestion mit mehr Druck. Heben sie die Stimme etwas an, werden sie etwas lauter oder machen sie davor und danach eine kurze Pause. Damit heben sie die Bedeutung an. Mit jeder Sprechpause steigt etwas die Erwartungshaltung des Unterbewusstseins. Der dann folgende Satz wird besonders intensiv wahrgenommen. Durch eine kurze Pause jeweils davor und danach separieren wir die Suggestion und machen sie wichtig. Das Ganze hört der Klient dann innerhalb weniger Minuten dreimal. Probieren sie es einmal aus, wenn sie bisher Suggestionen nicht wiederholt haben, und überzeugen sie sich von der Wirkung.

Prinzip der dreimaligen Wiederholung

- Grenzen sie die Affirmation innerhalb eines Textes oder einer Fantasiereise durch kurze Pausen davor und danach ab
- Wiederholen sie jede Suggestion dreimal innerhalb weniger Minuten

Beispiel für das Prinzip der dreimaligen Wiederholung

... Du schaust in den Spiegel und weißt genau ... **Du bist der souveräne Redner des Tages ...** So lange hast du diesem Tag entgegen gesehen, hast ihn erwartet und dich gut vorbereitet ... Nun ist es soweit und alles fühlt sich gut in dir an ... Du stellst dich also auf deinen Vortrag ein ... Lass den Raum in deiner Fantasie entstehen, stell ihn dir genau vor und nimm deinen Platz ein ... ganz vorne ... **Du bist der souveräne Redner des Tages ...** Dein Publikum ist schon da ... Alle hören dir aufmerksam zu und du beginnst mit deinem Vortrag, den du so gut kennst ... Ruhig und mit Stärke, voll innerer Überzeugung sprichst du zu deinen Zuhörern, die es gleich bemerken und tief in sich spüren ... **Du bist der souveräne Redner des Tages ...** So gelingt es dir wie von selbst, alle in deinen Bann zu ziehen ...

3. Das Prinzip der voraus-eilenden Würdigung

Lob und Anerkennung fördern jeden Lernprozess. Doch was hat eine Hypnose zur Behandlung von Krankheiten mit Lernen zu tun? Mehr als viele denken. Auch bei der psychotherapeutischen Behandlung von Krankheiten geht es darum, alte Gedankenmuster oder emotionale Muster des Wahrnehmens und der Interpretation zu verändern. Neue Strukturen sollen an die Stelle der vorherigen treten. Das ist ein innerer Lernprozess. Auf die Reise der inneren Veränderung gehen wir nur dann, wenn wir auch Erfolgsaussichten sehen. Erfolg ist der größte Motivator, weitere Schritte zu gehen. Erfolg ist die beste Belohnung für unser Streben. Allerdings stellt er sich in der Regel schrittweise ein. Lob und Anerkennung, die Würdigung des bereits Erreichten und der noch verborgenen Fähigkeiten ersetzen in jedem Lernprozess den Lohn des Erfolges. Lernen Kinder etwas Neues, so freuen wir uns über jeden Schritt und bestärken sie durch unser Lob, durch eine Würdigung des Erreichten. Doch haben wir in der Therapie eine weitere Herausforderung, denn zu Beginn und manchmal auch im Verlauf, stehen wir oft an einem Punkt, an dem noch keine Fortschritte spürbar sind oder der Klient die kleinen Fortschritte noch nicht als Teilerfolge bewerten kann. Was können wir tun?

Wir können und sollten so genannte vorauseilende Würdigungen einbauen. Das sind Belobigungen für etwas, das noch nicht eingetreten ist bzw. noch nicht wirklich vom Klienten gespürt wird. Natürlich kommt es hier auf die Dosierung und auf die Formulierung an, denn unser Klient soll unser Lob nicht innerlich ablehnen oder zu dem Schluss kommen, dass wir maßlos übertreiben. Wenn wir in der ersten Sitzung zur Behandlung einer Depression sagen *„Toll, du bist befreit und innerlich stark und kraftvoll, hervorragend, dass du es schon jetzt vollkommen geschafft hast"*, wird, die spätestens nach dem Wachwerden die Realität der Gegebenheiten alle Suggestionen verpuffen lassen. Sagen wir hingegen *„Wirklich erstaunlich, wie schnell es dir gelingt, meinen Worten zu folgen und wieder Mut zu fassen"* fühlt sich der Klient auf dem Weg der Veränderung bestätigt und hält es für glaubhaft, dass wir da etwas wahrnehmen, was er bisher selbst noch nicht erkannt hat. Er folgt den weiteren Suggestionen leichter. Außerdem können wir natürlich erreichte Teilerfolge hervorheben, indem wir diese belobigen. Das sollten wir ebenso tun. Es kommt also nicht nur auf die vorauseilenden Würdigungen an, sondern auch auf die der tatsächlichen Erfolgsschritte.

Prinzip der vorauseilenden Würdigung

- *Geben sie Anerkennung für bereits erreichte Teilerfolge und konstruktive Veränderungen*
- *Loben sie Fähigkeiten und Ansatzpunkte, die der Klient noch nicht sieht*

Beispiele für das Prinzip der vorauseilenden Würdigung

... Mit Stolz kannst du nun anschauen, was du bereits erreicht hast ...

... Wirklich erstaunlich, wie gut du bereits auf deine innere Stimme hören kannst...

... Eine beachtliche Leistung, wie du dich deiner Angst mitten auf der Straße gestellt hast ...

... Wie gut, dass du so deutlich die innere Veränderung spüren kannst, diesen Wandel zu mehr Mut und Stärke ...

... Nimm dir einen Augenblick und genieße deinen Erfolg der Woche...

... Du kannst es, du weißt wie das geht, mehr Mut als Angst zu empfinden, denn du hast es gestern geschafft ...

... Gestern ist heute und jeder Tag deines Lebens, es gelingt dir immer und immer wieder, heute und jeden Tag ...

... Wirklich bewundernswert, wie schnell du dich auf das Loslassen einstellen kannst und ...

... Eine große Leistung hast du vollbracht...

... Nun bist du nicht mehr zu halten, du stellst dich immer wieder den Herausforderungen des Tages, indem du Ja sagst zu deiner eigenen Kraft, zu deinen Fähigkeiten ...

4. Das Prinzip der vorgezogenen Entscheidung

Glaubenssätze haben sehr viel mit inneren Entscheidungen zu tun. Wir können uns dazu entscheiden, etwas loszulassen oder etwas zu verändern. Erkennen wir beispielsweise, dass wir an einem sehr alten Bedürfnis nach Zuwendung der Eltern hängen, das sicherlich nicht mehr erfüllt werden kann, so sollten wir die Entscheidung treffen, diesen Wunsch loszulassen. Selbstverständlich ändert sich damit noch nicht unser Leidensdruck oder das Gefühl der Entbehrung. Die Entscheidung stellt jedoch die notwendige Grundlage dar. Das gilt für alle Symptome, die es zu verändern gilt. So seltsam das klingen mag, nicht jeder will wirklich sein leiden beenden. Subjektiv und rational betrachtet vielleicht schon, doch was will das Innere, was will das Unterbewusstsein? Oft etwas anderes als wir selbst. Häufig aber auch das Gleiche. Viele Klienten der Psychotherapie und Beratung geben mit der Zeit zu, dass sie auch Angst davor haben, ihre Krankheit zu verlieren und plötzlich wieder voll am Leben teilnehmen zu müssen. Häufig wird das als Gedanke des Unterbewusstseins beschrieben und als primärer

Krankheitsgewinn bezeichnet. In vielen Fällen aber laufen die gleichen Überlegungen auch im Bewusstsein ab. Das soll keine Bewertung sein. Meist gehen solche Überlegungen mit einem schlechten Gewissen einher. Wir sollten zur Kenntnis nehmen, dass es sowohl bewusste als auch unbewusste Überlegungen zum Verbleib im Leidenszustand gibt, ebenso Überlegungen zur Veränderung des aktuellen Zustandes.

Der Klient muss eine Entscheidung darüber fällen, was sein soll. Alleine die Tatsache, eine Therapie aufzusuchen, einen Arzt oder Heilpraktiker zu konsultieren, ist kein Hinweis auf eine bestimmte Entscheidung. Die Motivation hierfür kann vielfältig sein. Wer würde schon freiwillig zugeben, ganz gerne für eine Zeit krank zu sein? Das hätte meistens schnell finanzielle, familiäre oder berufliche Konsequenzen. Bei bewusster Entscheidung für das Gesundwerden bleibt dann immer noch das Unterbewusstsein mit möglicherweise anderen Plänen. Es gilt also, beide an der Hand zu nehmen und zu begleiten, Verstand und Unterbewusstsein.

Die vorgezogene Entscheidung ist ein Hilfsmittel, die inneren Entscheidungen zu beschleunigen. Kurz gesagt geht es darum, dem Klienten die Entscheidung abzunehmen, so zu tun, als habe er sie schon gefällt und ihn damit dazu veranlassen, sie zumindest in Trance zu fällen. Als Suggestion wirkt sie dann später weiter. Das klingt jetzt vielleicht verwirrend. Also betrachten wir das einmal an einem einfachen Beispiel.

Angenommen, ein Klient kann sich nicht gut auf die Trance einstellen, versucht, die Situation zu kontrollieren und bleibt dabei hellwach. Er entwickelt die Überzeugung oder hat sie bereits mitgebracht *„Ich kann nicht hypnotisiert werden. Trancen funktionieren bei mir nicht"*. Dennoch lässt er sich auf die Therapie ein. Das ist gar nicht so selten. Zu Beginn der Sitzung fragen wir ihn *„Möchten sie mit Musik hypnotisiert werden?"*. Er antwortet entweder mit Ja oder mit Nein - vollkommen unwichtig. Was viel wichtiger ist, ist die Tatsache, dass er bereits akzeptiert hat, in Trance zu gehen. Wieso?

Weil er die Frage beantwortet hat. Betrachten sie noch einmal die Fragestellung: *„Möchten sie mit Musik hypnotisiert werden?"*. Eine Antwort macht nur Sinn, wenn er überhaupt hypnotisiert werden will. Auch wenn es innere Blockaden gibt, macht die Antwort nur Sinn, wenn akzeptiert wird, in Trance zu gehen. Natürlich könnte der Klient sagen *„Was heißt hier hypnotisiert? Das klappt niemals"*. Dann hat er die von uns vorgezogene Entscheidung, dass er in Trance geht, abgelehnt. Das macht aber vielleicht einer von tausend Klienten. Mir haben bisher noch alle Skeptiker der Hypnose diese einfache Frage ganz selbstverständlich mit „Ja" oder „Nein" oder mit einem „Ist mir egal" beantwortet". Interessanterweise höre ich auch manchmal die Antworten „Wie es besser geht" und „Wie sie es für am besten halten". Auch diese Antworten stimmen der Hypnose zu. Sie unterstellen sogar, dass es einen besten Weg für die Person gibt.

Die Frage ist so formuliert, dass eine Antwort auf den ersten Teil die Akzeptanz des zweiten Teils beinhaltet. Hierbei stört uns also auch nicht die innere Antwort „Nein", die ja oft vermieden werden soll. Auch ein „Nein" bedeutet ein „Ja" zum zweiten Teil der Frage. Darauf kommt es an, denn der zweite Teil enthält die eigentliche Suggestion, nämlich in Trance zugehen. Nicht nur Fragen können nach diesem Prinzip formuliert werden. Suggestionssätze können nach diesem Grundprinzip aufgebaut werden.

Prinzip der vorgezogenen Entscheidung

- Formulieren sie im ersten Teil der Suggestion eine Frage oder Aussage, die innerlich beantwortet werden kann
- Platzieren sie die eigentliche Suggestion in den zweiten Teil der Frage oder Aussage

Beispiele für das Prinzip der vorgezogenen Entscheidung

... Du denkst darüber nach, was du alles tun kannst, sobald die Angst sich aufgelöst hat ...

... Wie wird es sich wohl anfühlen, wenn du gleich in die tiefe Trance gehst ...

... Ich bin gespannt, wie es sich anfühlt, sobald deine Zweifel sich lösen, wird es wohl kühl oder eher warm in deinem Körper? ...

... Je weiter dein Arm nach oben steigt, umso schneller findet dein Unterbewusstsein einen neuen Weg ohne Angst und Sorgen ...

... Jeder Atemzug bringt dich tiefer in Trance, vielleicht spürst du es besser, wenn du etwas langsamer atmest ...

... Ich bin gespannt, ob dein Arm schwerer oder leichter wird, während dein Inneres einen Lösungsweg erarbeitet ...

... Farben helfen bei der Entspannung, möglicherweise hilft dir blau mehr als grün. Stell dir einmal die Farbe blau vor und fühle die Entspannung ... Nun stell dir grün vor und überprüfe, bei welcher Farbe du besser entspannen konntest ... Geh dann ganz in die Vorstellung deiner besten Farbe ...

... Wenn du die Augen noch einmal öffnen willst, bevor du ganz tief in Trance gehst, kannst du das jetzt tun oder du lässt dich sofort in die Tiefe der Entspannung hinab fallen ...

5. Das Prinzip der unmittelbaren Verstärkung

Aus der Lernpsychologie wissen wir, dass mit Lob und Anerkennung Motivation aufgebaut werden kann und ein bestimmtes Verhalten gefördert werden kann. Dabei ist der zeitliche Zusammenhang sehr wichtig. Erfahren wir unmittelbare Rückmeldung über unser Tun, so wirkt dieses schnelle Feedback viel stärker als wenn es sehr spät kommt. Genau genommen gilt das nur für sehr einfache Lernprozesse. Wir Menschen sind natürlich dazu in der Lage, Belohnungen anzustreben, die weit entfernt liegen, beispielsweise Monate lang auf ein Ziel hin zu arbeiten, uns sogar Jahre lang auf eine Prüfung vorzubereiten, um dann erfolgreich zu sein oder weitere Ziele anzustreben. Wir brauchen also nicht immer sofort eine Belohnung für etwas, das wir richtig gemacht haben. Dennoch wirken natürlich schnelle Belohnungen gut. Die Belohnung verstärkt das, wofür sie gegeben wurde. Suggestionen wollen ja immer etwas herstellen, das zumindest noch nicht der Fall ist. Eine Belohnung oder sagen wir besser eine schnelle Bestätigung verführt den Klienten dazu, immer stärker das herzustellen, was angestrebt wurde. Das lässt sich an einem Beispiel besser erklären als mit einer Erläuterung.

Nehmen wir einmal an, dass wir zum Klienten sagen *„Dein Körper entspannt sich nun sehr tief"*. Das ist eine einfache Suggestion, die sich in einer gewissen Trancetiefe auch auswirkt. Grundsätzlich kann sie jedoch auch infrage gestellt werden oder sogar auf innere Ablehnung stoßen. Fügen wir nach einer kleinen Sprechpause von zwei oder drei Sekunden hinzu „Genau so, ja genau so", so ist das eine Bestätigung oder eine Art Belohnung.

Wir bestätigen dem Klienten, dass er tatsächlich das gemacht hat, was wir suggeriert haben und zwar unabhängig davon, ob wir uns dessen sicher sind oder nicht. Wir unterstellen es einfach. Der Klient kann nicht wirklich schnell und mit Sicherheit überprüfen, ob sich sein Körper nun tief entspannt hat oder nicht. Auch wenn er es nicht so empfindet, wird er davon ausgehen, dass wir etwas wahrnehmen oder beobachten können, das er mit geschlossenen Augen und in Trance nicht bemerkt. Wir fördern also seinen Glauben an die Wirkung. Ich versichere ihnen, kein Klient denkt *„So ein Quatsch. Ich entspanne gar nicht!"*. Er denkt *„Oh, das habe ich noch gar nicht bemerkt. Da muss ich mal nachfühlen, wie tief ich schon entspannt bin!"*

Spätestens dann stellt er die Entspannung her, weil er sich innerlich auf dieses Ziel ausrichtet. Unmittelbare Verstärkung kann auch durch Würdigung eines Ziels erfolgen, das wir als Affirmation vorgeben. So behaupten wir nicht, dass etwas bereits eingetreten ist und loben dafür, sondern wir loben das Ziel als etwas Wertvolles. Der Klient kann es dann leichter annehmen. Beachten sie auf jeden Fall, dass sie das nicht bei jeder einzelnen Suggestion machen müssen. Dauerlob kann auch fade werden. Außerdem gibt es ja noch das Prinzip der vorauseilenden Würdigung (Prinzip 3), das zur Anwendung kommen kann. Formulieren sie einfach einige Suggestionen zu einem Thema und lassen dann eine Verstärkung für die Serie an Suggestionen folgen.

Prinzip der unmittelbaren Verstärkung

- *Lassen sie der Suggestion direkt eine Bestätigung folgen, die klar macht, dass sie den Erfolg bereits wahrnehmen oder*
- *Lassen sie der Suggestion unmittelbar eine Würdigung des formulierten Ziels folgen und unterstreichen damit den guten Zweck*

Ich habe auf der nächsten Seite typische Verstärkersätze aufgeschrieben. Sie können an beliebige Suggestionen gehängt werden.

Beispiele für das Prinzip der unmittelbaren Verstärkung

... Ja, du kannst es ...

... Du weißt, wie das geht ...

... Genau so...

... So ist es gut ...

... immer weiter so...

... Gut so...

... Jawoll!...

... Hervorragend machst du das ...

6. Das Prinzip des suggestiven Sprungbretts

Wenn wir mit Kraft auf ein Sprungbrett springen, heben wir ab und fliegen davon. Anstelle eines kleinen Sprungs mit eigener Muskelkraft können wir also viel weiter kommen, wenn wir das Hilfsmittel eines Trampolins oder Sprungbretts benutzen. Die Hypnose soll dem Klienten helfen, einen inneren Sprung zu machen oder eine Veränderung einzuleiten, wobei es von Vorteil ist, wenn mehr erreicht werden kann als erwartet. Wir brauchen ein inneres Trampolin, das den Klienten mit wenig Kraft weit springen lässt. Gibt es solche suggestiven Sprungbretter?

Ja, es gibt sie. Und sie sind viel einfacher einzusetzen als man denken mag. Betrachten wir einmal ein Beispiel. Bei einer Armlevitation wird häufig das Hilfsmittel eines visualisierten Luftballons eingesetzt. Der Therapeut sagt dem Klienten also nicht nur, dass sein Arm ganz leicht wird und dadurch „von selbst" aufsteigt, sondern er lässt den Klienten einen mit Gas gefüllten Ballon visualisieren, der an seinem Handgelenk festgebunden ist. Das führt dazu, dass der Klient den „Zug" an seinem Arm deutlicher spürt und sein Arm sich schneller nach oben bewegt und schließlich frei schwebt. Die Vorstellung des Gasballons ist ein Hilfsmittel, das die Wirkung des Sprungbretts hat. Es beschleunigt und überhöht die gewünschte Wirkung. Visualisierungen sind also ein ganz gutes Mittel. Allerdings haben wir nicht immer die Möglichkeit, eine solche Visualisierung zu benutzen. Bei Levitationen und Katalepsien sind sie sicherlich geeignet. Gipsverbände, Stahlrohre etc. können beispielsweise als Vorstellung zu kataleptischen Gliedmaßen zur völligen Bewegungsunfähigkeit führen. Doch Katalepsien sind immer nur ein Teil einer Hypnose, und nicht jede Hypnose enthält diesen Teil. Wollen wir innere Veränderungen herbeiführen, beispielsweise Denk- und Wahrnehmungsmuster beeinflussen, so ist das über Visualisierungen auch möglich, allerdings wird dann mit Fantasiereisen oder Trancegeschichten gearbeitet. Bei solchen Hypnosen läuft dann der gesamte Prozess der Veränderung über die Visualisierung von Szenen und Abläufen. Arbeiten wir jedoch mit Suggestionen, wird es schwieriger. Wollen wir beispielsweise beschleunigen, dass ein körperliches Kraftgefühl (vitale Frische) sich bei einer depressiven Verstimmung wieder einstellt, so helfen uns einfache Visualisierungen wenig. Der Luftballon bringt uns hier nicht weiter. Wir lösen das also bei Suggestionshypnosen anders. Betrachten wir wieder ein einfaches Beispiel.

Die Wirkung der Ballons bei der Levitation kann erhöht werden, indem mehrere benutzt werden. Sagen wir *„Je mehr Ballons du dir vorstellst, umso stärker zieht es deinen Arm nach oben"*, so spürt der Klient einen stärkeren Zug, sobald er sich tatsächlich viele Ballons vorstellt. Genau so können wir auch sagen *„Atme tief ein und ganz langsam aus. Je langsamer du ausatmest, umso tiefer geht deine Entspannung".* Dieser Glaubenssatz wird einfach vorgegeben und die unterstellte Wirkung tritt ein, sobald der Klient der Idee folgt und langsamer ausatmet. Im Grunde genommen wirkt hier das Prinzip der vorgezogenen Entscheidung. Der Unterschied besteht darin, dass wir hier keine Entscheidung fällen lassen, sondern einfach vorgeben, was zu tun ist. Es sollte bereits eine stabile mittlere Trance vorliegen, um diese Technik anzuwenden.

Manchmal wird diese Technik auch als Wenn-dann-Kombination bezeichnet. Entsprechend kann formuliert werden *„Immer wenn du langsam ausatmest, (dann) entspannst du sehr tief".* Das funktioniert, doch ich empfehle ihnen, nicht ständig mit wenn-dann zu arbeiten. Diese Kombination ist meistens negativ besetzt und hört sich nach Anstrengung an. Es muss etwas Bestimmtes getan oder erfüllt werden (wenn), damit eine positive Entwicklung möglich wird (dann). Wenn-dann lässt die Möglichkeit zu, dass nichts getan wird. *„Je mehr ... desto"* oder *„Mit jedem Atemzug ... wirst du"* unterstellen, dass auf jeden Fall etwas passiert. Wir konstruieren also kausale Verbindungen, indem wir unterstellen, dass eine Wahrnehmung, Handlung oder ein Gedanke eine bestimmte Folge hat.

Prinzip des suggestiven Sprungbretts

- *Bauen sie eine kausale Verbindung auf und unterstellen sie eine bestimmte Wirkung*

Beispiele für das Prinzip des suggestiven Sprungbretts

... Mit jedem Tag kannst du es deutlicher fühlen ...

... Jeder Blick in den Spiegel erinnert dich an deine eigene Stärke ...

... Je tiefer du ausatmest, desto tiefer entspannst du auch und findest Ruhe ...

... Mit jedem Tag wird dein Mut größer und stärker ...

... Stell dir ein helles Licht vor, das dir neue Ideen bringt. Je heller du es dir vorstellst, umso schneller und kreativer kommen deine Ideen und Gedanken ...

... Sobald du den Raum betrittst, spürst du diese Ruhe, die du in diesem Augenblick hast ...

... Immer, wenn du diesen Geruch wahrnimmst, senkt sich dein Blutdruck und du fühlst Gelassenheit...

... Das Klingeln des Telefons ist für dich ein Signal deines Erfolges ...

... Sobald du deinen Handballen drückst, stellt dir dein Inneres mehr Mut zur Verfügung ...

7. Das Prinzip der direktiven Betonung

In jeder Alltagsunterhaltung gibt es wichtige und weniger wichtige Inhalte. Als Zuhörer können wir meistens recht gut erkennen, was dem Redner besonders wichtig erscheint, weil er diese Teile seiner Rede besonders betont. Er spricht etwas lauter und mit mehr Druck in der Stimme. Manchmal nehmen wir das gar nicht bewusst wahr, dennoch kommt es bei uns an. Natürlich gibt es andere Möglichkeiten, etwas besonders Bedeutsames hervorzuheben, doch die einfachste Variante besteht in der stärkeren Betonung. Diese Möglichkeit nutzen wir auch in suggestiven Hypnosen. Wir wählen einzelne Wörter oder Passagen eines Textes aus und sprechen dort etwas lauter. Das muss nicht überdeutlich sein. Subtile Veränderungen werden vom Unbewussten sehr gut wahrgenommen. Wir machen das ja sowieso ganz oft, auch ohne darüber nachzudenken. Während der Hypnose können und sollten wir auch gezielt damit arbeiten. Am Anfang dürfen sie ruhig etwas übertreiben und die ausgewählten Wörter deutlich lauter und stärker aussprechen. Mit der Zeit werden sie ganz von selbst sanftere Betonungen vornehmen. Probieren sie doch einmal aus, den Beispieltext zunächst ganz gewöhnlich zu betonen und anschließend lesen sie die zweite Variante, die inhaltlich gleich ist, wobei ich die zu betonenden Stellen im Text hervorgehoben habe. Nehmen sie beide Varianten einmal mit einem Diktiergerät auf oder probieren sie diese mit einem Zuhörer aus.

Spezielle Betonungen zum Hervorheben zum Hervorheben bestimmter Worte und zur Intensivierung ihrer Wirkung werden auch oft analoge Markierung genannt. Ich nenne das lieber direktive Betonung, weil die innere Denkrichtung dadurch beeinflusst wird.

Prinzip der direktiven Betonung

- *Sprechen sie die Wörter und Passagen, die als Suggestionen besonders intensiv wirken sollen, etwas lauter und mit mehr Druck*

Beispieltext für das Prinzip der direktiven Betonung (ohne Hervorhebungen)

... Dein Ziel ist das Bestehen der praktischen Prüfung des Führerscheins. Darauf stellst du dich ein und du kennst diese tiefe Kraft in dir. Sorgfältig hast du dich darauf vorbereitet und du weißt, dass du bereits ein guter Autofahrer bist. Du begibst dich also in deiner Vorstellung in das Auto. Wie selbstverständlich fährst du los, als hättest du viele Jahre nichts anderes gemacht als sicher Auto zu fahren. Es geht um das bestehen der praktischen Prüfung des Führerscheins und es erscheint dir heute leichter als je zuvor. Wirklich erstaunlich, wie viel Mut und Selbstsicherheit zu gewonnen hast. Ganz beachtlich, wie sicher du bereits sein kannst, gut Auto zu fahren. Alles ist in Ordnung und nun ist es soweit. Das Thema des Tages ist das bestehen der praktischen Prüfung des Führerscheins ...

Beispieltext für das Prinzip der direktiven Betonung (mit Hervorhebungen)

... *Dein* **Ziel** *ist das* **Bestehen** *der praktischen Prüfung* **des Führerscheins.** *Darauf stellst du dich ein und du kennst diese tiefe Kraft in dir. Sorgfältig hast du dich darauf vorbereitet und* **du weißt,** *dass du bereits ein* **guter Autofahrer bist.** *Du begibst dich also in deiner Vorstellung in das Auto. Wie selbstverständlich fährst du los, als hättest du viele Jahre nichts anderes gemacht als* **sicher** *Auto zu fahren. Es geht um das* **Bestehen** *der praktischen Prüfung des Führerscheins und es erscheint dir heute* **leichter** *als je zuvor. Wirklich erstaunlich, wie viel* **Mut** *und* **Selbstsicherheit** *du gewonnen hast. Ganz beachtlich, wie* **sicher du bereits sein kannst,** *gut Auto zu fahren. Alles ist in Ordnung und nun ist es soweit. Das Thema des Tages ist das* **Bestehen** *der praktischen Prüfung* **des Führerscheins** ...

2

Aufbau und Struktur von Suggestionstexten

Der grundsätzliche Aufbau des Suggestionsteils

Die sieben wichtigsten Suggestionsregeln haben wir im ersten Kapitel besprochen. Nun wenden wir uns der Erstellung von zusammenhängenden Suggestionstexten für den Hauptteil einer Hypnosesitzung zu. Natürlich könnten wir einfach eine Reihe von Suggestionen hintereinander hängen und damit durchaus gewünschte Wirkungen erzielen. Besser geht es allerdings, wenn wir einen strukturierten Text zusammenstellen, der mehrere gezielte Suggestionen enthält. Dabei kommt es nicht auf die Anzahl der einzelnen Suggestionen an, sondern auf die Formulierung und die Inhalte, die damit angesprochen werden. Damit stellt sich die Frage, was genau verändert werden soll. Soll bei einer Schmerzbehandlung nur der akute Schmerz angesprochen werden oder auch die Ursache? Sollen Zusammenhänge, die hinter der Wahrnehmung liegen und zur Entstehung der Symptomatik geführt haben, bearbeitet werden? Was soll nun alles berücksichtigt werden?

Bei suggestiven Hypnosen geht es ja nicht um Ursachenforschung im engeren Sinne. Wir gehen nicht analytisch vor und klären keine Hintergründe der Symptome auf, zumindest nicht in der Hypnose. Selbstverständlich kann die Bearbeitung von Hintergründen und Ursachen Teil der gesamten Therapie sein. Dennoch sollten wir berücksichtigen, dass die wahrgenommenen Symptome immer nur die Spitze des Eisbergs sind und dass es natürlich um mehr geht, als nur Symptome zu behandeln. Betrachten wir den Organismus des Klienten systemisch, so geht es immer um verschiedene Ebenen oder Ausdrucksbereiche eines Symptoms. Die Therapie wirkt umso nachhaltiger, je mehr Bereiche wir ansprechen. Ich schlage daher folgende Vorgehensweise zum Ablauf des Hauptteils der Hypnose vor:

1. *Zielformulierung*
2. *Therapie der Gefühle*
3. *Therapie der Gedanken*
4. *Therapie der Körperlichkeit*
5. *Therapie der Handlungen*
6. *Eröffnen von Visionen*

Natürlich machen wir ein Vorgespräch und leiten dann eine stabile mittlere Trance ein. Wählen sie hierzu eine Induktion, eventuell eine weitere Vertiefung und Körperentspannung aus ihrem Repertoire. Im Hauptteil der Hypnose halten sie sich dann an die genannte Schrittfolge, die wir in den nächsten Kapiteln näher betrachten. Innerhalb der einzelnen Schritte gilt jeweils die gleiche Vorgehensweise, die aus zwei Teilen besteht, aus einer Zielvorgabe und einer Verstärkung.

Wir geben eine Zielorientierung vor, bauen also eine Suggestion zusammen, die den Zielzustand oder einen Teilschritt beinhaltet. Hierzu wählen wir eine der Suggestionsregeln Nr. 1, 2, 4, 6 oder 7. Wir können die Suggestion in einen etwas längeren Text einbauen oder einfach als einzelne Affirmation benutzen. Selbstverständlich können auch zwei oder mehr Suggestionen benutzt werden. Der Klient stellt sich innerlich zumindest im Augenblick der Suggestion auf die Zielausrichtung ein. Er übernimmt die vorgeschlagene Perspektive des Denkens oder Fühlens automatisch. Das bedeutet allerdings noch nicht, dass er sie einfach beibehält und nun alles anders ist als vorher. Wenn Therapie so einfach wäre, gäbe es längst keine chronischen Leiden mehr. Es kommt also darauf an, aus der Probeperspektive eine dauerhafte Blickrichtung zu machen. Hierzu benutzen wir Verstärkungen. Wir benutzen daher im zweiten Teil eine Suggestion nach den Regeln 3 oder 5 und belobigen damit die neue Perspektive. Es kommt nicht so sehr darauf an, ob der Klient wirklich schon an das neue Gefühl oder die neue Sichtweise glauben kann. Wir verstärken zunächst einmal die Tendenz, daran zu glauben. Wir betrachten alle sechs Schritte des Hypnosehauptteils noch ausführlich. Vorher möchte ich noch darauf eingehen, warum es gerade diese sechs Schritte in genau dieser Reihenfolge sein sollen.

Jeder Weg braucht einen Startschuss. Doch wer möchte schon gerne loslaufen, ohne zu wissen, wohin die Reise geht? Natürlich haben unsere Klienten Veränderungswünsche und Zielsetzungen. Wir besprechen sie üblicherweise schon im Vorgespräch. Häufig werden Zielsetzungen aber auch verändert, weil weitere oder auch ganz andere Probleme hinter den subjektiven Beschwerden gefunden werden. In jedem Fall sollte zu Beginn des Hypnosehauptteils, also zu Beginn unseres Suggestionstextes, immer das Ziel vorgegeben werden. Hier verwenden wir immer eine direkte Affirmation und eine Verstärkung.

Affirmation:
... Du hast dich dazu entschieden, mit dem Rauchen aufzuhören ...

Verstärkung:
... und hast damit eine sehr gute Entscheidung getroffen.

Als nächstes bearbeiten wir dann die Welt der Gefühle, denn die Emotionen sind Ursprung des Denkens. Gedanken können wir als Übersetzungen des Verstandes begreifen, wobei Gefühle in Worte oder Bilder übersetzt werden. Daher betrachten wir erst danach die Welt der Gedanken. Wir strukturieren die Veränderungsarbeit von innen heraus. Ändern sich die Gefühle, so verändern sich die Gedanken bereits mit bzw. sind leichter anzupassen. Im vierten Schritt geht es dann um den Körper, wobei das nicht nur für körperliche Beschwerden oder Krankheiten gilt, sondern grundsätzlich. Gefühle und Gedanken beeinflussen nicht nur die Haltung und die Bewegungen unseres Körpers, sondern auch seine Stärke, seine Regenerationsfähigkeit, sogar die Körpergröße und Figur. Unser Körper ist ein Abbild unserer Gefühls- und Gedankenstruktur. Schließlich befassen wir uns dann mit den Handlungen, die der Klient anstrebt oder verändern will. Handeln als Ausdruck davon, einen Willen, eine Entscheidung umzusetzen, erfordert klare Emotionen, präzise Gedanken und die Mobilisierung des Körpers. Am Schluss wagen wir dann einen Blick nach vorne, eine Zukunftsprognose, die natürlich immer positiv sein sollte. Natürlich muss diese auch realistisch sein. Niemand wird durch Hypnose zwanzig Meter weit springen können oder eine Stunde lang unter Wasser die Luft anhalten können. Seien sie sich bitte immer darüber im Klaren, dass auch eine Hypnosetherapie Zeit braucht. Sie werden also in den meisten Fällen nicht mit einer einzigen Sitzung auskommen. Lassen sie sich diesbezüglich bitte nicht von den Showhypnosen dazu verleiten, zu glauben, dass immer ganz schnell ganz große Wirkungen eintreten. Bedenken sie, dass die imposanten Effekte einer Showhypnose ja nicht langfristig anhalten. Nach der Show sind die vermeintlichen Fähigkeiten oder Eigenarten vorbei.

Bevor wir die einzelnen Schritte näher betrachten, fassen wir den Ablauf der Teilschritte zusammen:

1. *Zielausrichtung*
   Suggestion nach Regel 1, 2, 4, 6 oder 7

2. *Verstärkung*
   Suggestion nach Regel 3 oder 5

Zu jedem der sechs Schritte, die wir besprechen, habe ich Beispielsuggestionen formuliert, an denen sie sich orientieren können, um eigene zu erstellen.

1. Zielformulierung

Jeder Weg beginnt mit dem ersten Schritt, oder nicht? Genau genommen beginnt unser Weg tatsächlich schon früher, nämlich bei der Frage des Ziels. Wir legen ein Ziel fest, dass wir erreichen wollen und manifestieren die innere Ausrichtung auf dieses Ziel. Dabei dürfen wir ganz einfach denken und handeln. Bei kranken Menschen geht es darum, gesund zu werden, Symptome zu lindern oder aufzuheben. Rom wurde nicht an einem Tag erbaut und unsere Klienten werden nicht oder zumindest nicht immer nach einer einzigen Hypnosesitzung am Ziel ihres Weges angekommen sein. Wir brauchen also durchaus Teilziele.

In den meisten Fällen haben wir eine Vision von dem Zustand, der mit einer Folge von Sitzungen erreicht werden kann. Diese Vision ist unser Grobziel. Jede einzelne Sitzung kann nun an diesem Ziel ausgerichtet werden oder an Teilzielen. Ich empfehle, das große Ziel, das wir mit der Therapie anstreben, zu formulieren und dann zusätzlich das nächste Teilziel. So bleibt beides im Blick. Im vorherigen Kapitel habe ich bereits erläutert, dass hier eine einfache und direkte Suggestion des Ziels und eine unmittelbare Verstärkung genügen.

Beispiele für Zielformulierungen:

Grobziel	*... Dein Inneres stellt sich jetzt darauf ein, schon bald wieder richtig laufen zu können ...*
Teilziel der Sitzung	*... Hierzu kräftigen wir heute die Muskulatur deines Beines ...*
Verstärkung	*... Wirklich erstaunlich, wie schnell du angefangen hast, genau diesen konstruktiven Weg zu gehen ...*

Grobziel	*... Du hast dich dazu ent- schieden, Architekt zu sein ...*
Teilziel der Sitzung	*... Hierzu wirst du die nächste Prüfung bestehen ...*
Verstärkung	*... denn deine wirklich enorme Kraft und dein tiefer Wille helfen dir dabei ...*

2. Therapie der Gefühle

Nun wenden wir uns den Emotionen zu. Hier liegt sicherlich der wesentliche Punkt der Hypnose, denn unsere Gefühle steuern all unser Denken und Handeln. Streben wir eine Veränderung der Wahrnehmung und Interpretation in Beziehungssituationen an oder möchte ein Klient aus der Gefangenschaft seiner Denkmuster ausbrechen, so stellt sich immer die Frage nach der Gefühlslage und ihrer Veränderbarkeit. Bei suggestiven Hypnosen beeinflussen wir die innere Perspektive, indem wir mit Hilfe von Suggestionen Gefühle ansprechen, die anders sind als die wahrgenommenen Emotionen des Klienten. Da immer eine Vielfalt an Emotionen in unserem Organismus vorkommen, sprechen wir damit etwas an, was der Klient zumindest als Wunsch, als Ziel annehmen kann. Selbstverständlich dürfen wir nicht maßlos übertreiben. Wenn wir sagen *„Du bist heute so glücklich wie noch nie"*, wird das einem sehr traurigen Klienten kaum imponieren oder weiterhelfen. Sagen wir hingegen *„Du weißt wie es einst war, als du noch glücklich warst. Die Erinnerung wird deutlicher und du kannst ein Stück davon fühlen ...*", wird das Gefühl wieder erkennbar. Auf Fingerspitzengefühl kommt es an.

Beispiele für Gefühlssuggestionen:

Suggestion   *... Sobald dein Organismus das Gefühl des Vertrauens in dir gefunden hat, um es Schritt für Schritt wieder zu beleben, signalisiert er das durch eine Entspannung der Gesichtsmuskeln, ...*

Verstärkung   *... genau so, ja genau so ...*

Suggestion   *... Die aufgestaute Wut, den Zorn und die Verbissenheit kannst du nun lösen und loslassen ...*

Verstärkung   *... bewundernswert, wie gut es dir gelingt, schon jetzt ein Stück loszulassen...*

3. Therapie der Gedanken

Unsere Gedanken haben sehr viel mit unseren Emotionen zu tun. Viele Gedanken sind eine Art Übersetzung der Gefühle durch den Verstand. Geht es uns schlecht, so haben wir eher pessimistische Gedanken, beschäftigen uns mit alldem, was nicht gut funktioniert oder mit unseren Misserfolgen. Geht es uns gut, gehen wir sofort in eine aktive und konstruktive Denkweise. Wir sind zu neuen Ideen und Planungen bereit und strukturieren unsere Gedanken damit neu. Natürlich gibt es eine Rückkoppelung zu den Emotionen, die sich ebenfalls weiter positiv entwickeln. Wir befassen uns also in diesem Teil des Suggestionstextes mit den planenden Gedanken.

Das kann nun zweierlei bedeuten. Entweder wir kennen bereits einen Plan des Klienten, den er noch nicht umsetzen kann, beispielsweise eine Flugreise des Flugangstklienten. Dann suggerieren wir entsprechend den zugehörigen Gedanken. Oder aber unser Klient ist auf der Suche und weiß noch gar nicht, was er denken oder planen könnte. Dann unterstützen wir mit Suggestionen beim Auffinden konstruktiver und nach vorne gerichteter Denkmuster. Für beide Varianten habe ich Beispiele ausgewählt.

Beispiele für Gedankensuggestionen:

Suggestion	*... Du findest die beste Position in deinem Sitz im Flugzeug. Eine Position, die dir am bequemsten und am sichersten erscheint ...*
Verstärkung	*... Das ist ein guter Schritt, der die bereits hilft. Du prägst dir die Position gut ein ...*

Suggestion	*... Mit jedem tiefen Atemzug kommst du der Lösung näher. Mit jedem tiefen Atemzug entstehen neue Gedanken, die dir helfen, deine Lösung zu finden ...*
Verstärkung	*... so ist es richtig. Tief atmen, genau so...*

4. Therapie der Körperlichkeit

Natürlich spielt der Körper bei der Behandlung psychosomatischer Krankheiten oder anderer Zustände körperlichen Unwohlseins eine direkte Rolle. Ich schlage jedoch vor, grundsätzlich die Körperlichkeit in die Hypnose mit einzubeziehen. Gefühle und Gedanken haben immer Reaktionen im Körper und umgekehrt. Am Beispiel der Angst lässt sich leicht nachvollziehen, dass Gefühle den Körper beeinflussen: das Herz schlägt schneller, Zittern und Kurzatmigkeit kommen hinzu. Subtilere Gefühle wirken sich aber auch aus. Sorgen oder verdrängte Konflikte setzen sich im Körper fest, zeigen sich in verdrehten Wirbeln, Muskelverhärtungen, Magenschmerzen usw.

Viele dieser Zustände sind aber auch so „unauffällig", dass wir sie nicht sofort bemerken. Im Zustand der Trance können wir körperliche Blockaden oder „Reaktionszentren" besser finden. Wird die Aufmerksamkeit auf den Körper gelenkt, so ist die Wahrnehmung sehr intensiv. Es ist daher für die meisten Patienten einfach, die Lokalisierung des mentalen Problems im Körper zu finden. Dann kann über die Veränderung der Körperwahrnehmung auch ein mentaler Veränderungsprozess angestoßen werden. Häufig wird angenommen, dass es nur anders herum ginge, also nur das Mentale oder Emotionale sich auf das Körperliche auswirke und nicht umgekehrt. Das stimmt aber nicht. Körper und Geist sind zwei Elemente eines dynamischen Systems, das wir Organismus nennen. Die medizinische Forschung hat am Beispiel des Lachens gezeigt, wie deutlich dieser wechselseitige Zusammenhang tatsächlich ist. Wenn bestimmte Glückshormone ausgeschüttet werden, weil wir in froher Laune sind, beginnen wir zu lächeln und schließlich zu lachen. Machen wir es umgekehrt und lachen einfach, obwohl uns gar nicht danach ist, so werden dennoch die gleichen Glückshormone ausgeschüttet und versetzen uns in eine frohere Laune. So ist es mit allen Emotionen. Schauspieler wissen, dass sie sich mit dem Spielen von Gefühlen in echte Gefühlslagen bringen können. Tränen fließen dann auch ohne Hilfsmittel.

Natürlich können wir nicht den Schluss daraus ziehen, dass wir angenehme Gefühle einfach trainieren sollten. Die anderen wären damit ja zunächst nur verdrängt. Wir können aber dieses Phänomen nutzen, um Gefühle, die nicht im Vordergrund stehen, über körperliche Suggestionen intensiver werden zu lassen.

Beispiele für Körpersuggestionen:

Suggestion

... Du findest die Angst in deinem Körper. Du erkennst die Stelle, weil sie dir nun in den Blick fällt, auch wenn du die Angst dort nicht vermutet hattest ...

Verstärkung

... genau so, du hast sie gefunden und beginnst sie zu lösen ...

Suggestion

... Du atmest die Verspannungen aus, löst sie mit jedem Atemzug ...

Verstärkung

... schön, dass es dir so gut gelingt, diesen Prozess in Gang zu setzen und tatsächlich deine Verspannungen auszuatmen ...

5. Therapie der Handlungen

Immer geht es auch um das aktive Handeln. Pläne alleine genügen nicht. Innere Veränderungen, das Lösen von Blockaden oder unangenehmen und störenden Gefühlen auch nicht. Sich selbst verändern ist der erste und wichtigste Schritt, sowohl bei der Behandlung von Krankheiten als auch bei der Behandlung von Krisen und Konfliktsituationen. Dann muss diese Veränderung Folgen haben. Der Klient muss neu und anders handeln, sich selbst anders positionieren, anders mit sich selbst und mit seiner Umwelt umgehen, anders in Beziehung treten. Im Zuge einer Therapie entwickeln Menschen fast immer Vorstellungen und Pläne davon, was sie tun könnten, wenn es ihnen besser geht, wenn ihr akutes Problem gelöst oder zumindest kleiner geworden ist. Diesen Handlungen geben wir nicht nur Raum in der Hypnosesitzung, sondern wir helfen, sie zu beflügeln.

Auch hier kann es um Aspekte gehen, die schnell zu erreichen sind oder auch um fernere Ziele, die nur in Teilschritten erreicht werden können. Halten sie sich jedoch immer an realistische Handlungen. Größere Visionen kommen erst im nächsten Schritt und wären hier zu früh.

Beispiele für Handlungssuggestionen:

Suggestion	*... Du beobachtest dich selbst dabei, wie du den Prüfungsraum betrittst, mit erhobenem Kopf und breiten Schultern, aufrecht und stabil ...*
Verstärkung	*... Es ist toll, wie schnell es dir gelingt, dich auf dieses Bild einzulassen und es immer intensiver und deutlicher zu machen ...*

Suggestion	*... Schon heute spürst du die Kraft und schon heute kannst du deine Muskeln besser anspannen. Du versuchst es immer wieder, auch jetzt ...*
Verstärkung	*... Super, es gelingt schon viel besser, der Druck der Muskeln ist fester...*

6. Eröffnen von Visionen

Was wäre ein Leben ohne Visionen, ohne Ziele und Träume, die wir manchmal nicht erreichen oder gar nicht mal wirklich anstreben. Träume halten uns aktiv, lassen uns kleine Pläne machen, manchmal auch große und führen uns oft in eine ganz neue und ganz andere Richtung. Im Alltag wechseln wir häufig Ideen und Ziele. Doch immer wieder finden wir etwas, was wir „eines Tages tun", vielleicht erst dann, wenn wir im Lotto gewonnen haben, doch wir haben Ideen!

Für die Hypnose nutzen wir das. Wir eröffnen Visionen von dem, was sein könnte, wenn das Ziel der Therapie erreicht ist. Das kann sich an einem Traum orientieren, den der Klient hat. Wir können auch selbst ein Bild entwerfen. Ich empfehle, so nah wie möglich an den Visionen des Klienten zu bleiben. So fühlt er sich am ehesten und am besten angesprochen, sieht seine Persönlichkeit repräsentiert und fühlt sich gut. Die Vision, sei sie nun realistisch oder utopisch, hält die innere Motivation des Klienten aufrecht und bringt ihn immer wieder auf seinen eigenen Kurs zurück, gerade wenn Stagnation oder Rückschläge vorkommen oder der gewünschte Fortschritt sich nur langsam zeigt.

Beispiele für Visionssuggestionen:

Suggestion	*... Du siehst dich selbst mit deinem funktionierenden Bein. Du kannst wieder Motorrad fahren und siehst dir selbst dabei zu, wie du die Route sixty-six entlang fährst ...*
Verstärkung	*... eine wunderschöne Tour...*

Suggestion	*... Du lässt deine Gedanken ganz weit schweifen und siehst dich selbst in einer nahen Zukunft, in der du in der riesigen Menschenmenge stehst und dein Wunschkonzert besuchst und dich dabei so richtig wohl fühlst ...*
Verstärkung	*... diese herrliche Musik, ...*

3

Kommentierter Beispieltext mit Betonung

Aufbau des Sugesstionstextes

1. Zielformulierung
2. Therapie der Gefühle
3. Therapie der Gedanken
4. Therapie der Körperlichkeit
5. Therapie der Handlungen
6. Eröffnen von Visionen

Beispieltext mit Kommentar zum Thema „Angst im Dunkeln" bei Erwachsenen:

1. Zielformulierung *(Grobziel)*	... Es ist nun an der **Zeit**, dass du dich bei Dunkelheit wieder **vollkommen wohl und frei** fühlen darfst ...
(Teilziel)	... Hierzu findest du **heute** schon eine **tiefere Ruhe** bei geschlossenen Augen, also auch **im Dunkeln** ...
Verstärkung	... Das ist ein **guter** Weg ...
2. Gefühle *Prinzip 1* *Prinzip 2*	... Tief in dir liegt die Stärke und die Kraft, frei und stark zu sein ...
Verstärkung *Prinzip 5*	... Dein Inneres weiß genau, wie diese Kraft geweckt werden kann ...
Prinzip 6	Mit jedem Atemzug wirst du ruhiger und gelassener und stellst dich auf die tiefe Ruhe ein ...

Prinzip 1	*... Tief in dir liegt die Stärke und*
Prinzip 2	*die Kraft, frei und stark zu sein ...*
Verstärkung	*... **Du kannst** es und **du***
Prinzip 5	***schaffst es** ...*
Prinzip 1	*Du gehst immer tiefer in die Ruhe,*
	*so tief, wie es **heute möglich** ist*
	...
Prinzip 1	*... Tief in dir liegt die Stärke und*
Prinzip 2	*die Kraft, frei und stark zu sein ...*
Verstärkung	*... Wirklich erstaunlich, wie gut es*
Prinzip 3	*dir heute schon gelingt ...*

3. Gedanken

Prinzip 1	*... Du stellst dir vor, wie du im*
	Dunkeln bist, Nachts alleine und
	findest einen schönen Gedanken,
	der dir ein gutes Gefühl gibt, viel-
	leicht eine Erinnerung an etwas
	sehr Schönes ...
Prinzip 4	*... Du überprüfst, was dir besser*
	hilft, dich gut zu fühlen, eine schö-
	ne Erinnerung oder eine schöne
	Fantasie ...

Verstärkung *Prinzip 3*	*... Ist es nicht **gut**, dass du selbst den **besten Weg finden** kannst? ......*

4. Körperlichkeit
Prinzip 6

*... Die körperliche **Ruhe**, die sich mit jedem Atemzug immer tiefer einstellt, gibt dir ein noch genaueres **Gefühl** der inneren **Gelassenheit** ...*

Verstärkung
Prinzip 5

... Genau so, ja ... genau so ...

5. Handlungen
Prinzip 1

*... Du gehst in Gedanken in deine Wohnung und stellst dir dein Schlafzimmer vor ... Du gehst hinein und legst dich ins Bett ... Du schaltest das Licht aus und es wird **dunkel** ... und du spürst **jetzt,** dass du dich **gut fühlst** ...*

Verstärkung
Prinzip 3

*... Wirklich beachtlich, dass es jetzt so **gut funktioniert** ...*

6. Visionen
Prinzip 4

... Du überlegst dir, was du alles unternehmen und erleben kannst, sobald du im Dunkeln wieder vollkommen stark und voller Selbstvertrauen bist ...

Verstärkung
Prinzip 5

... Du stellst dir das so intensiv wie möglich vor *... genau so ... voller Selbstvertrauen und Stärke ...*

Schlusskommentar

Sie sind schon am Ende des Buches angekommen. Wahrscheinlich waren die einzelnen Regeln gar nicht so schwer. Üben sie regelmäßig das Erstellen von Suggestionen, dann werden die Regeln zu Selbstläufern, die sie automatisch anwenden. Es ist auch nicht so tragisch, ein paar Sätze ohne Regeln zu formulieren, der Klient wird davon nicht gleich von seinem Weg abkommen. Vielleicht ist ihnen aufgefallen, dass der Hypnosetext, den ich als Beispiel angeführt habe, relativ kurz ist. Lassen sie sich davon nicht verunsichern. Es kommt nicht auf die Textlänge an, auch nicht auf eine gewisse Sitzungsdauer, sondern auf Wirksamkeit. Wenige gute Suggestionen sind besser als langatmige Texte, die keine Wirkung nach sich ziehen. Wenn es auch einfach klingen mag - die vorgestellten Regeln genügen vollkommen, um therapeutische Hypnosen aufzubauen. Beachten sie bitte die richtige Vorgehensweise für Einleitung, Vertiefung und Ausleitung und lassen sie sich das alles am besten von einem Ausbilder in einem Kurs zeigen. Suggestionen wirken natürlich bereits ohne Trance, doch intensiver und vor allem nachhaltiger wird die Wirkung, eingebettet in eine sorgfältig aufgestellte Hypnosesitzung.

Empfehlung von Linus Bergmann

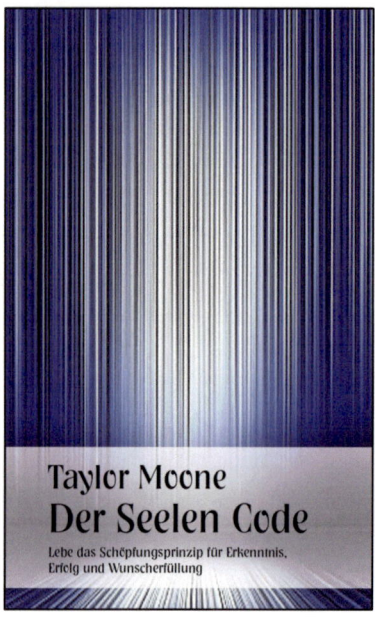

Taylor Moone stellt die menschliche Seele in den Mittelpunkt des göttlichen Schöpfungsplans. Mit seinen Ausführungen zum Wesen der menschlichen Seele, das er mit dem Seelen-Code greifbar macht, zeigt der Autor auf anschauliche Art und Weise, dass nicht Gott oder das Universum, sondern jeder einzelne Mensch die Schöpfung erfüllt. Die Seele selbst wird mit ihrem einfachen Code zum Grundprinzip der Schöpfung. Seine These besagt, dass jeder Mensch Glück, Erfolg und Wunscherfüllung erleben wird, wenn er den Seelen-Code erkennt.

Der Seelen Code - ISBN 978-3-943323-02-3